BASTELN OHNE WORTE

Nigora Ahmedova
Anja Ritterhoff

BASTELN OHNE WORTE

Nigora Ahmedova
Anja Ritterhoff

INHALT

ZU JEDEM MODELL GIBT ES EIN VIDEO!

78 WINTER

84 WEIHNACHTEN

VORWORT

Liebe Erwachsene,

herzlich willkommen in diesem besonderen Buch!
Basteln ohne Worte – der Name ist Programm, denn hier kann Ihr Kind anhand der bildlichen Anleitungen tolle Bastelideen alleine anfertigen. Zu jeder Bastelei gibt es ein über einen QR-Code erreichbares Video, das Ihnen als Bastelhilfe zur Seite steht – ebenfalls ganz ohne Worte.

Wir haben eine Vielzahl bunter Modelle rund um die Jahreszeiten zusammengestellt. Lassen Sie sich und Ihr Kind von den fröhlichen Motiven verzaubern und tauchen Sie ein in die wunderbare Welt des Bastelns.

Wir wünschen Ihnen bei der gemeinsamen Gestaltung viel Freude und gutes Gelingen und hoffen, dass dieses Buch Ihnen und Ihrem Kind ein treuer Begleiter durchs Jahr wird.

Herzlichst Ihre
Nigora und Anja

Nigora Ahmedova   Anja Rittershoff

GRUND-ANLEITUNG

VORBEREITUNG FÜR DIE BASTELARBEIT

Legen Sie eine abwischbare Tischdecke als Unterlage für die Klebearbeiten auf dem Tisch aus.

Suchen Sie sich mit Ihrem Kind ein Modell aus, das sie nachbasteln möchten.

Für jüngere Kinder ist es sinnvoll, die Motivteile bereits auf das Bastelmaterial, wie zum Beispiel farbigen Fotokarton, zu übertragen (siehe *Vorlagen übertragen*, Seite 15), sodass die Kinder die Motivteile direkt ausschneiden können.

Stellen Sie Ihrem Kind alle notwendigen Materialien bereit. So brauchen Sie den Bastelprozess nicht zu unterbrechen, um etwas zu besorgen.

Falls Ihnen die Motivteile zu klein erscheinen, können Sie diese auf einem Kopierer um ca. 20 % vergrößern.

Mithilfe der Anleitung kann Ihr Kind sehen, wie das Modell gebastelt wird. Nehmen Sie auch gerne das Foto mit zu Hilfe. Im Video werden die einzelnen Schritte genauer gezeigt.

VORLAGEN ÜBERTRAGEN

1 Die gewünschte Vorlage heraussuchen (Vorlagen ab Seite 94). Das Transparentpapier auf die Vorlage legen und mit einem Bleistift die Einzelteile des Motivs ohne Überschneidungen abpausen.

2 Die Einzelteile mit einer Schere ausschneiden, auf die gewünschte Fotokartonfarbe legen und mit einem Bleistift umranden. Alle Motivteile mit einer Schere ausschneiden. Diesen Schritt kann schon Ihr Kind übernehmen.

3 Mithilfe der Vorlage oder dem Modellfoto die Motivteile anordnen und zum fertigen Modell zusammenkleben.

4 Zum Schluss alle Verzierungen, wie zum Beispiel Strasssteine und Wackelaugen, aufkleben und alle Linien mit einem Fineliner einzeichnen.

MATERIAL

Fotokarton in verschiedenen Farben

Transparentpapier

Pappteller

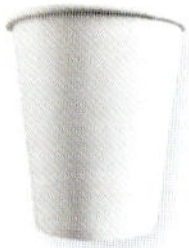
Pappbecher

Klopapierrollen

Moosgummi

Eisstäbchen

Pompons

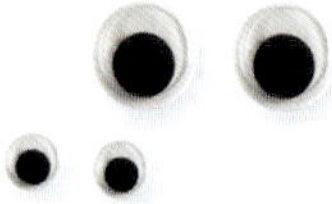
Wackelaugen

Bänder

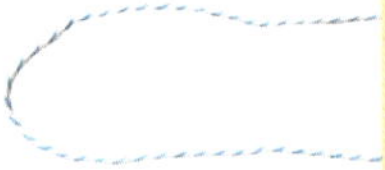
Schnur

Korken

Bastelfedern

Chenilledraht

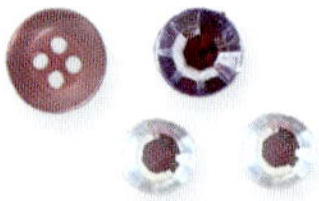
Strasssteine & Knöpfe

Bleistift

Fineliner in Schwarz

Filzstifte

Buntstifte

Klebestift

Alleskleber

UHU Glitzer Glue

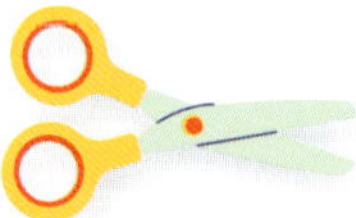
Schere

Bürolocher

BASTELN MIT KINDERN

Ihr Kind kann mit einer abgerundeten Schere die Motivteile allein ausschneiden und mit Klebstoff zusammenkleben. Kleine Hinweise zu den Arbeitsschritten können Sie gegebenenfalls machen. Auch die Videos können zur Unterstützung abgespielt werden.

TIPP

Die Geschwindigkeit beim Abspielen kann in den Einstellungen verlangsamt werden.

Lassen Sie Ihrem Kind möglichst viel Freiraum bei der Gestaltung der Modelle. Hier kann gerne nach Lust und Laune abgewandelt und mit viel Fantasie gebastelt werden. Wenn die Schildkröte nicht wie auf dem Modellbild aussieht und Ihr Kind zum Beispiel lauter bunte Strasssteine aufklebt oder entscheidet, dass die Schildkröte auf drei Beinen geht, dann ist das ein individuelles, einmaliges Werkstück Ihres Kindes.

Loben Sie Ihr Kind auf jeden Fall für sein Kunstwerk. Dann suchen Sie sich gemeinsam einen schönen Platz, wo das Modell aufgehängt werden kann. Oder Ihr Kind verschenkt es an einen lieben Menschen. Wenn Ihr Kind etwas Eigenes ohne viel Hilfe erschaffen hat, werden Sie feststellen, wie stolz es darauf ist. Verlieren Sie als Erwachsener nie die Geduld oder den Mut, wenn nicht alle Arbeitsschritte sofort funktionieren. Das ein oder andere Kind braucht mehr Zeit. Bieten Sie Ihrem Kind hin und wieder motivierende Hilfe an, wenn sie benötigt wird.

TIPP

Lassen Sie Ihr Kind eine Schatzkiste anlegen! Darin kann es neben Schere und Klebstoff alle möglichen Bastelmaterialien verstauen. So wird die Kiste gefüllt mit Klorollen, Eisstäbchen, Strasssteinen, Chenilledraht, Fotokartonresten und was Ihrem Kind noch alles wichtig ist. Praktisch: Sie brauchen nur die Kiste hervorzuholen und schon kann gebastelt werden. Und Sie müssen nicht jedes Mal alles zusammensuchen.

FRÜHLING

VIDEO

ANLEITUNG

MARIENKÄFER MIT HERZCHEN

VIDEO ANLEITUNG

FLEISSIGE BIENE

VIDEO
ANLEITUNG

KATZE
MIT KRINGELSCHWANZ

VIDEO ANLEITUNG

NIEDLICHER SCHMETTERLING

VIDEO
ANLEITUNG

FROSCH AUF FLIEGENPILZ

VIDEO
ANLEITUNG

BLÜHENDES BLÜMLEIN

VIDEO
ANLEITUNG

BUNTER VOGEL

OSTERN

VIDEO
ANLEITUNG

HÜBSCHER HOPPELHASE

VIDEO ANLEITUNG

KÜKEN AUS KLOROLLE

VIDEO ANLEITUNG

GEPUNKTETES SCHÄFCHEN

VIDEO
ANLEITUNG

HÄSCHEN
AUS KLOROLLE

VIDEO
ANLEITUNG

SCHNATTERNDES ENTLEIN

SOMMER

VIDEO

ANLEITUNG

HUNGRIGER HAI

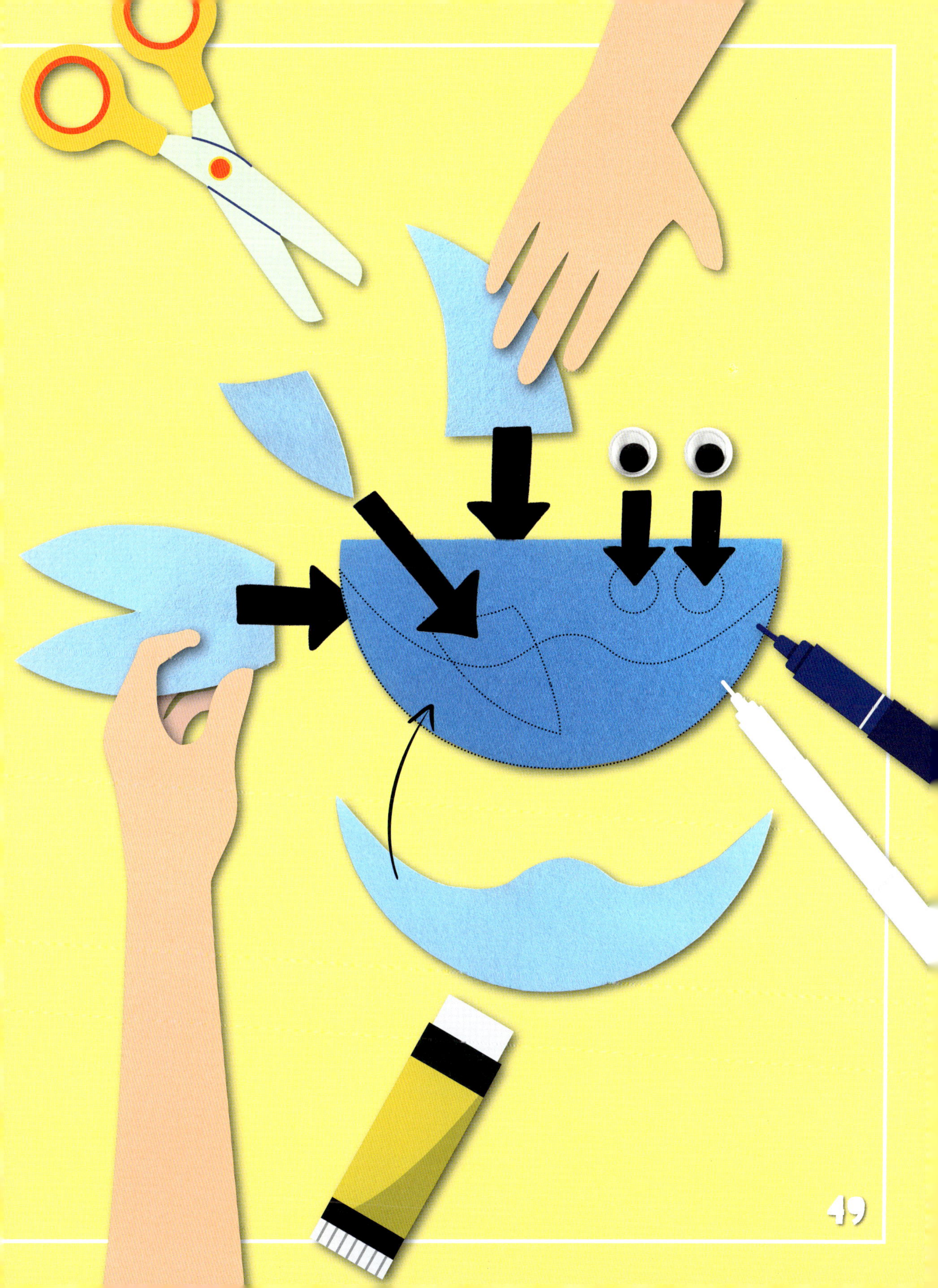

VIDEO
ANLEITUNG

SCHWIMMENDES SEEPFERDCHEN

VIDEO
ANLEITUNG

GRINSENDER DINO

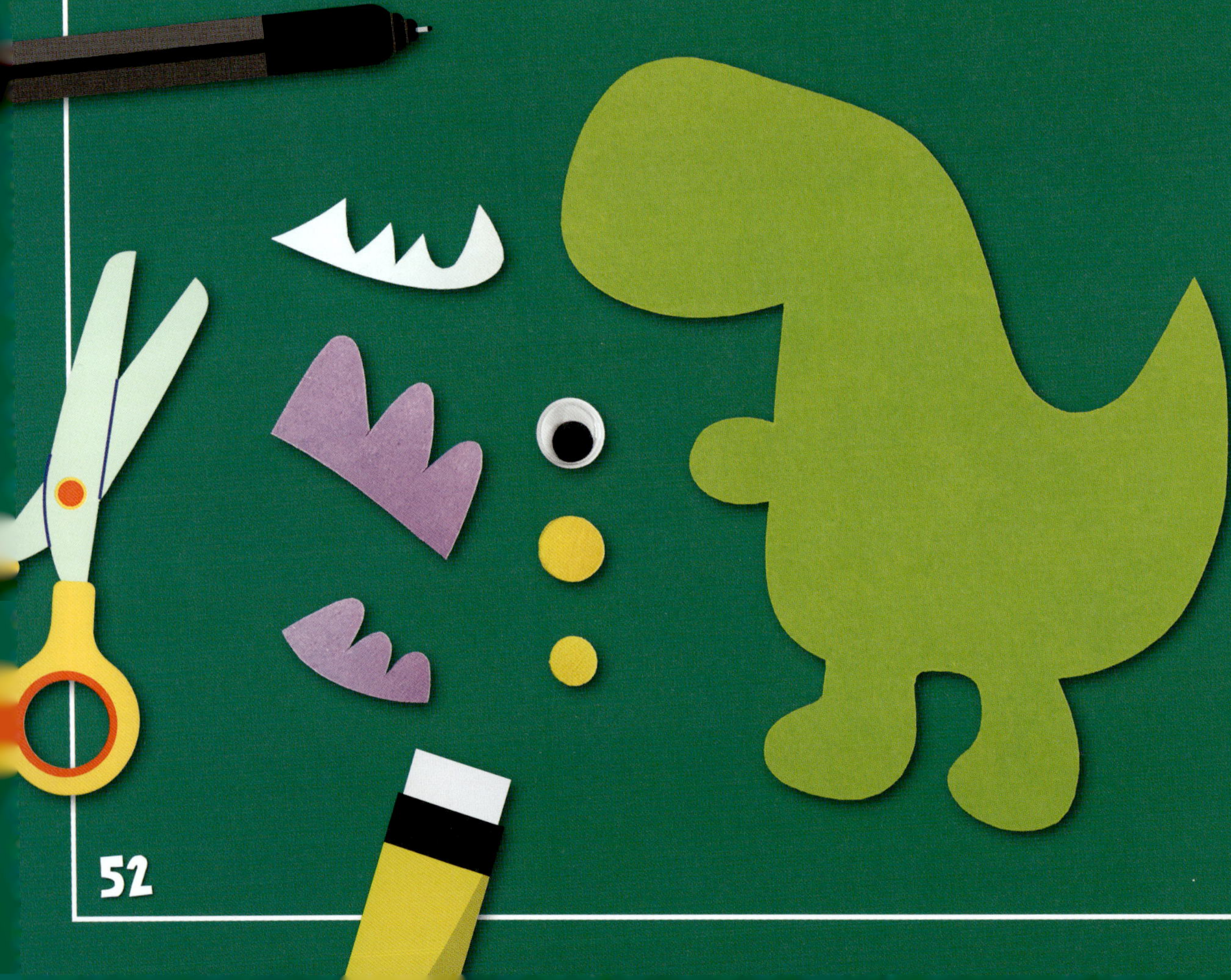

VIDEO
ANLEITUNG

MAGISCHES EINHORN

VIDEO
ANLEITUNG

LUSTIGER LÖWE

VIDEO ANLEITUNG

SCHILDKRÖTE MIT DIAMANTEN

VIDEO ANLEITUNG

KUNTERBUNTER KRAKE

HERBST

VIDEO ANLEITUNG

EULE
MIT GROSSEN AUGEN

VIDEO
ANLEITUNG

STACHELIGER IGEL

VIDEO

ANLEITUNG

SÜSSER FUCHS

HALLOWEEN

VIDEO
ANLEITUNG

KÜRBISKOPF AM STIEL

FLATTERNDE FLEDERMAUS

VIDEO
ANLEITUNG

GRUSELIGER GEIST

WINTER

SCHNEEMANN
MIT KNÖPFEN

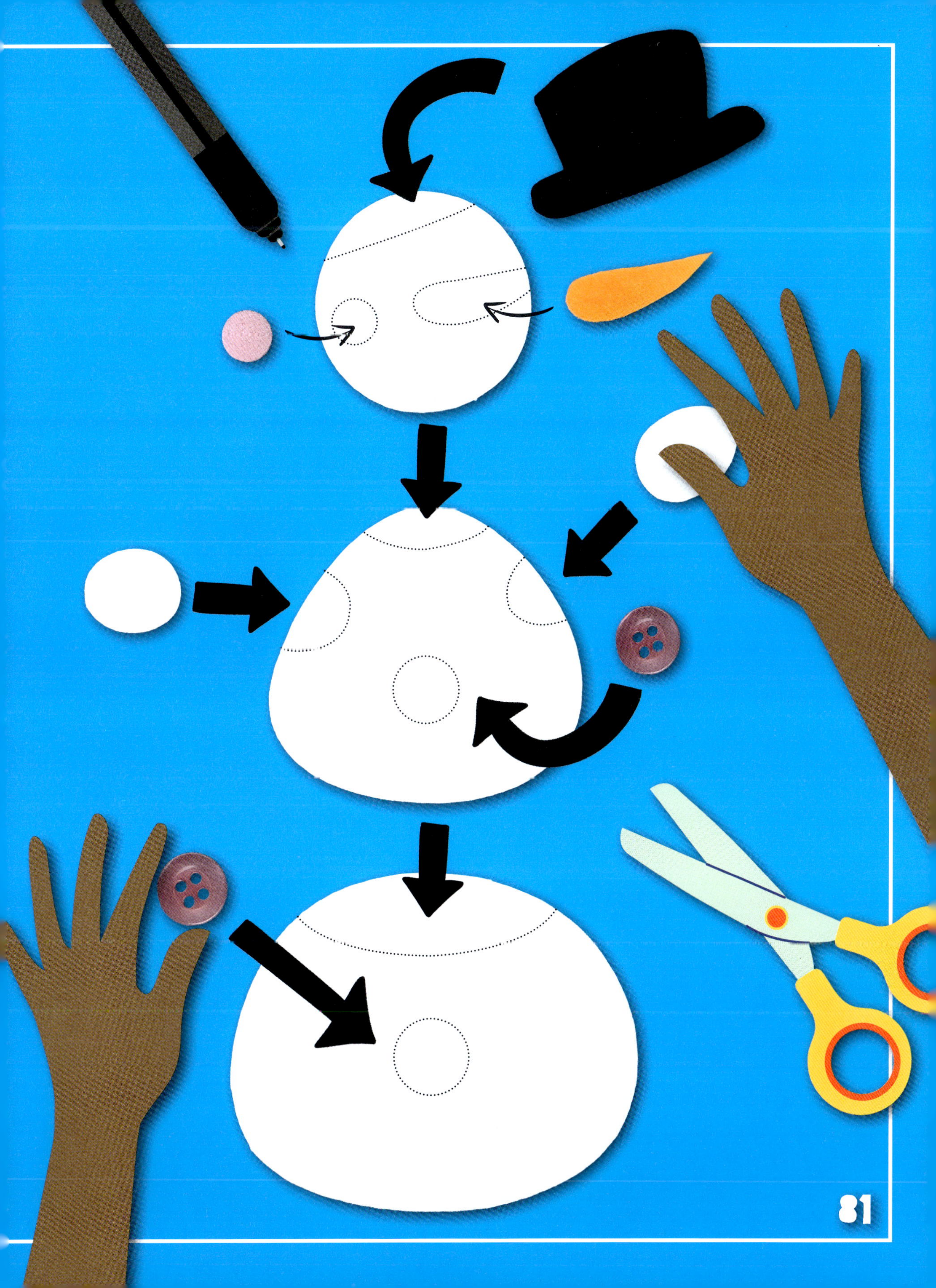

KNUFFIGER PINGUIN

WEIHNACHTEN

VIDEO
ANLEITUNG

GESCHMÜCKTER TANNENBAUM

11x

RUDI RENTIER

VIDEO
ANLEITUNG

FRÖHLICHES ENGELCHEN

9x

VIDEO
ANLEITUNG

GLITZERNDER TANNENBAUM

UHU
UHU
UHU

VORLAGEN

Gesicht
Fuß 2x
Ohr 2x
Süßer Fuchs
S. 68-69
Bauch
Kopf
Schwanzspitze
Schnauze
Körper
Schwanz

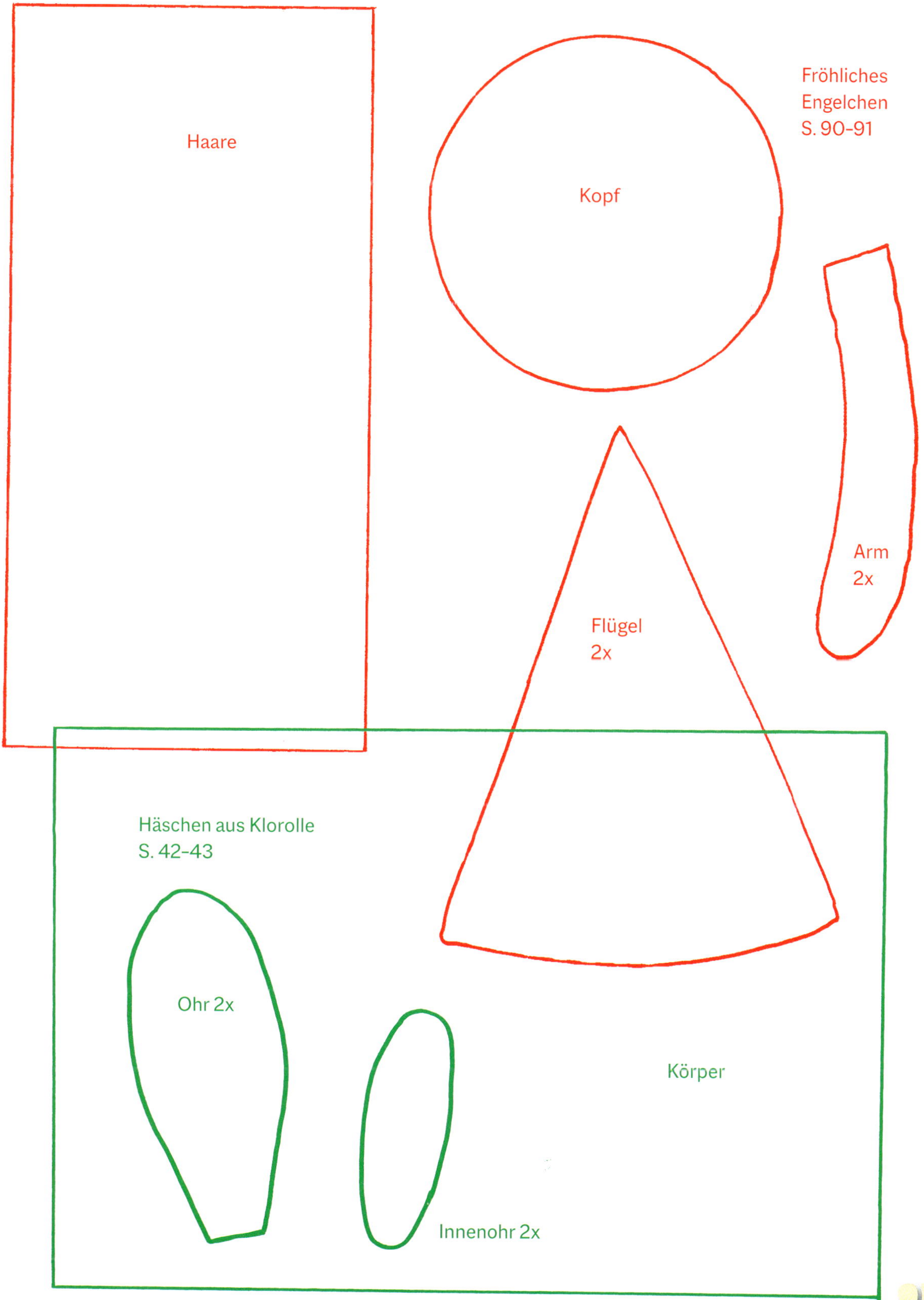
Fröhliches
Engelchen
S. 90–91
Haare
Kopf
Arm
2x
Flügel
2x
Häschen aus Klorolle
S. 42–43
Ohr 2x
Körper
Innenohr 2x

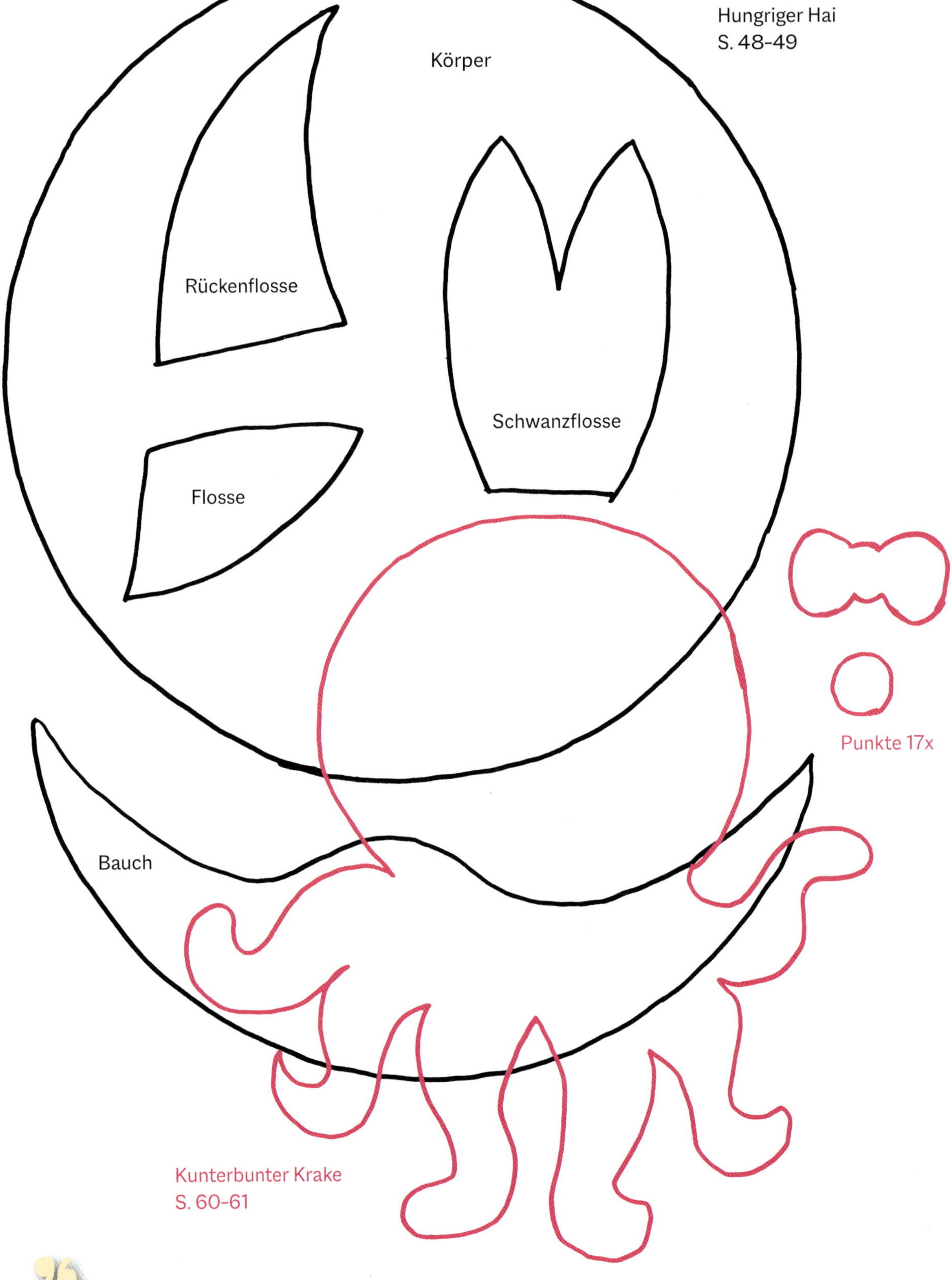
Hungriger Hai
S. 48-49
Körper
Rückenflosse
Schwanzflosse
Flosse
Bauch
Punkte 17x
Kunterbunter Krake
S. 60-61

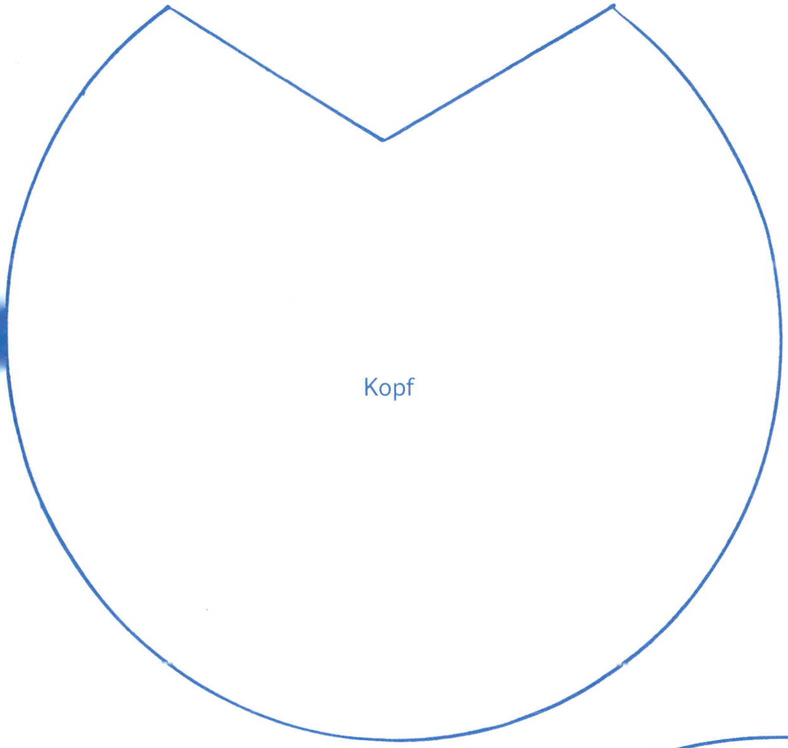

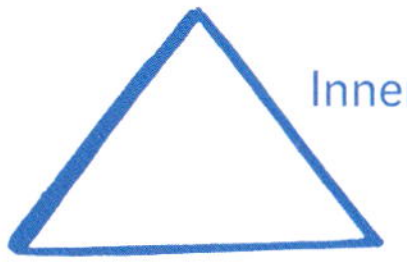

Innenohr 2x

Katze mit Kringelschwanz
S. 24–25

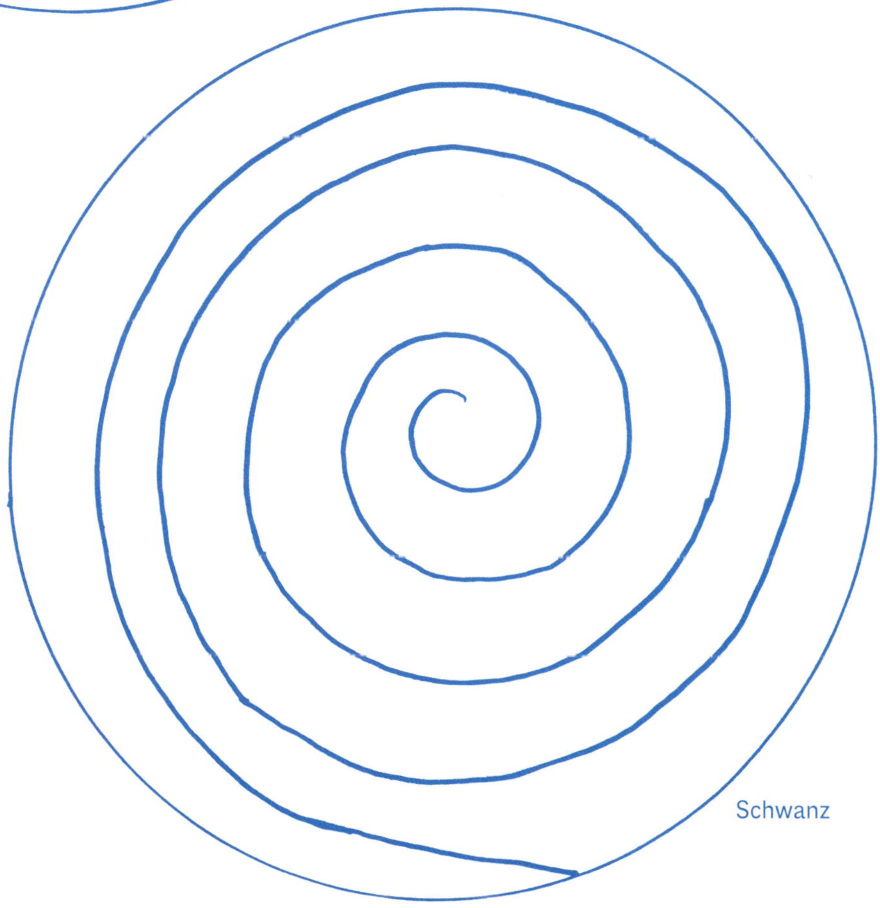

Schwanz

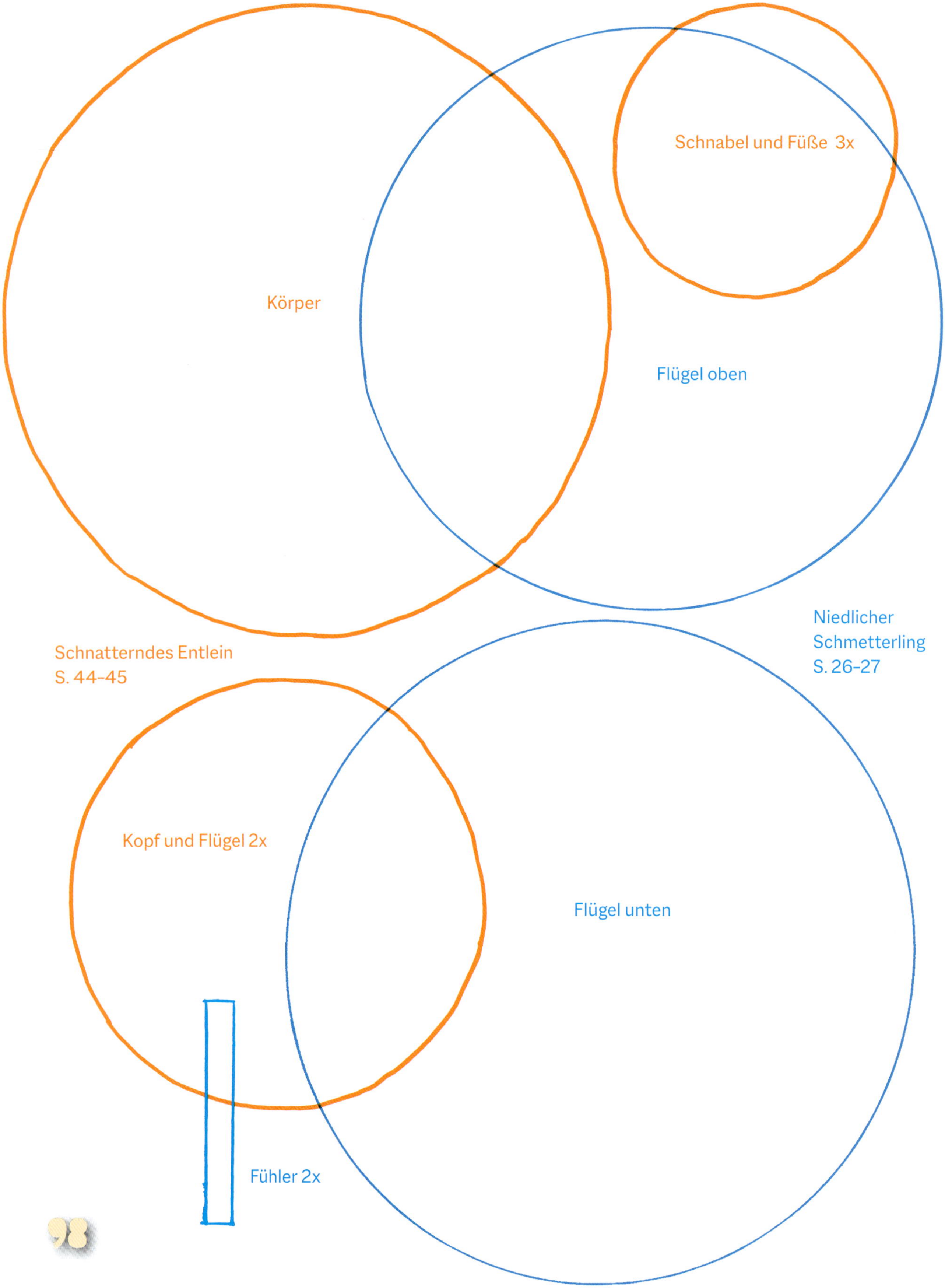
Schnabel und Füße 3x
Körper
Flügel oben
Niedlicher
Schmetterling
S. 26–27
Schnatterndes Entlein
S. 44–45
Kopf und Flügel 2x
Flügel unten
Fühler 2x

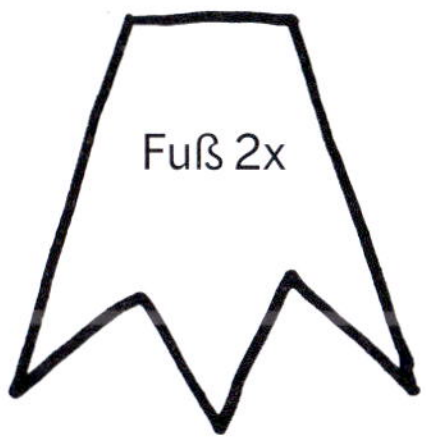

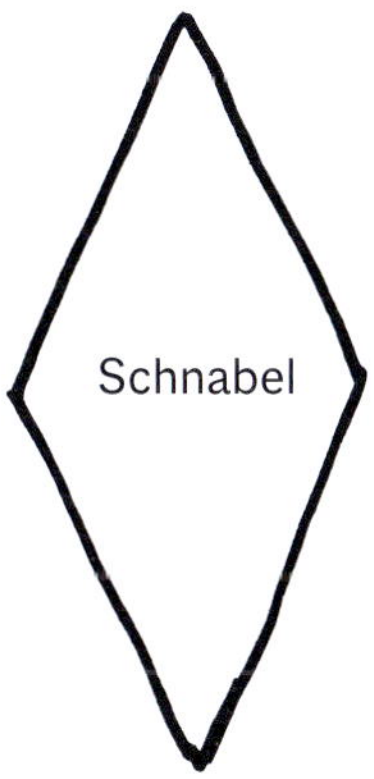

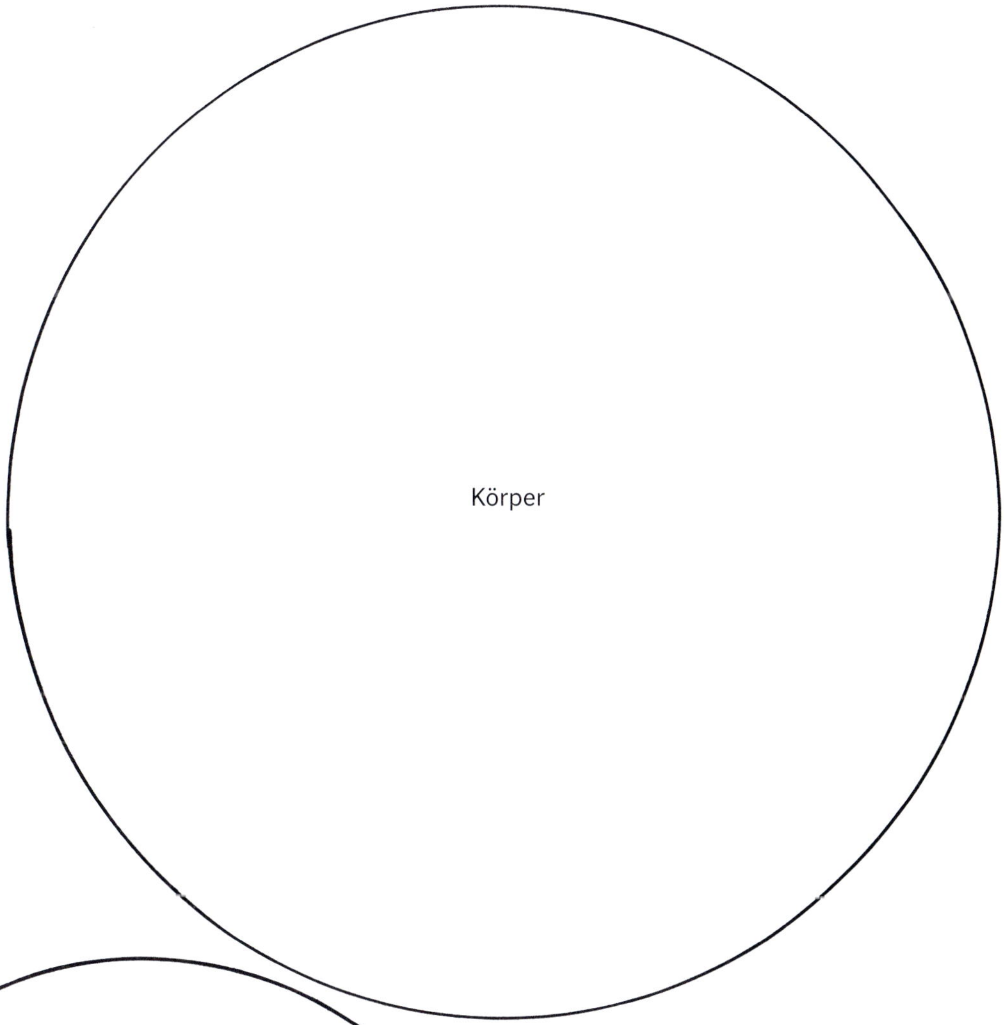

Knuffiger Pinguin
S. 82–83

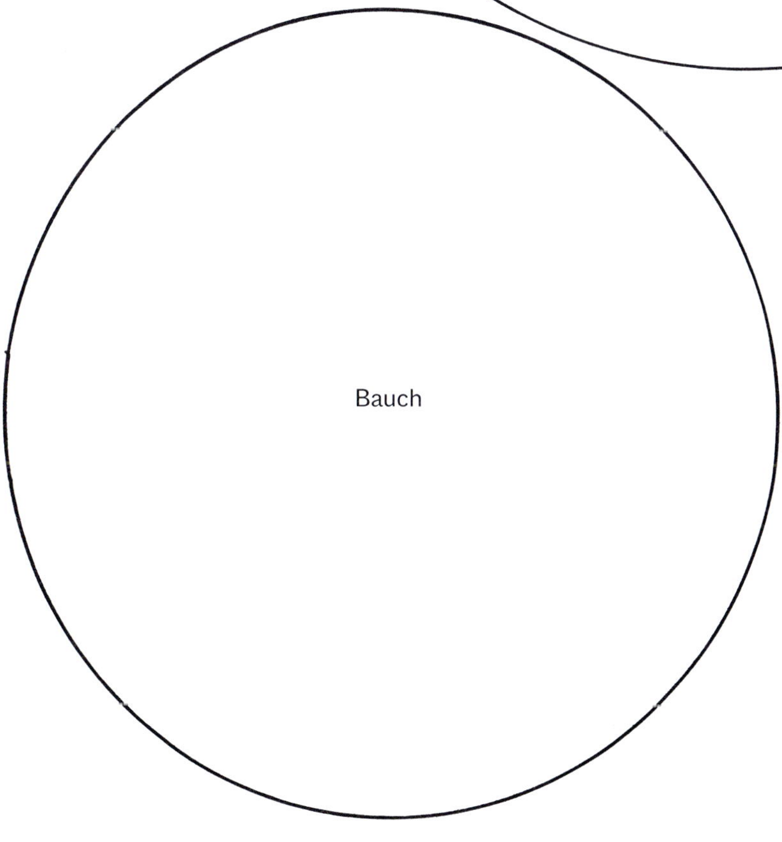

Blühendes Blümlein
S. 30–31

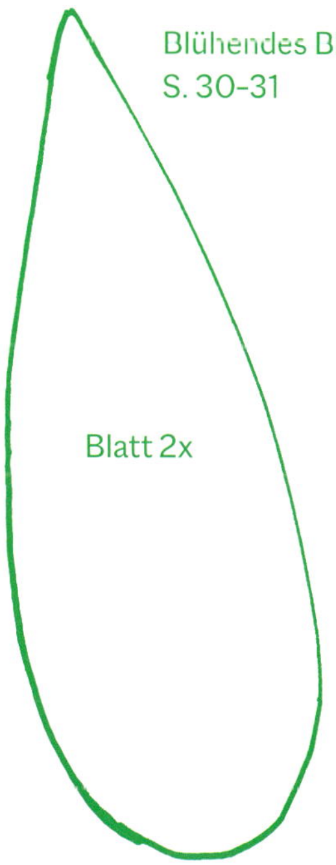

Glitzernder Tannenbaum
S. 92-93

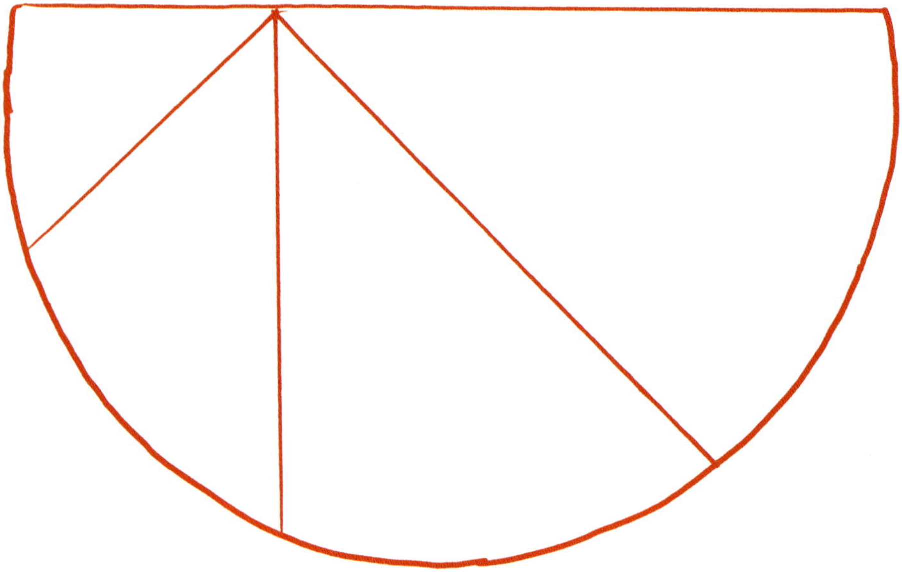

Eule mit
großen Augen
S. 64-65

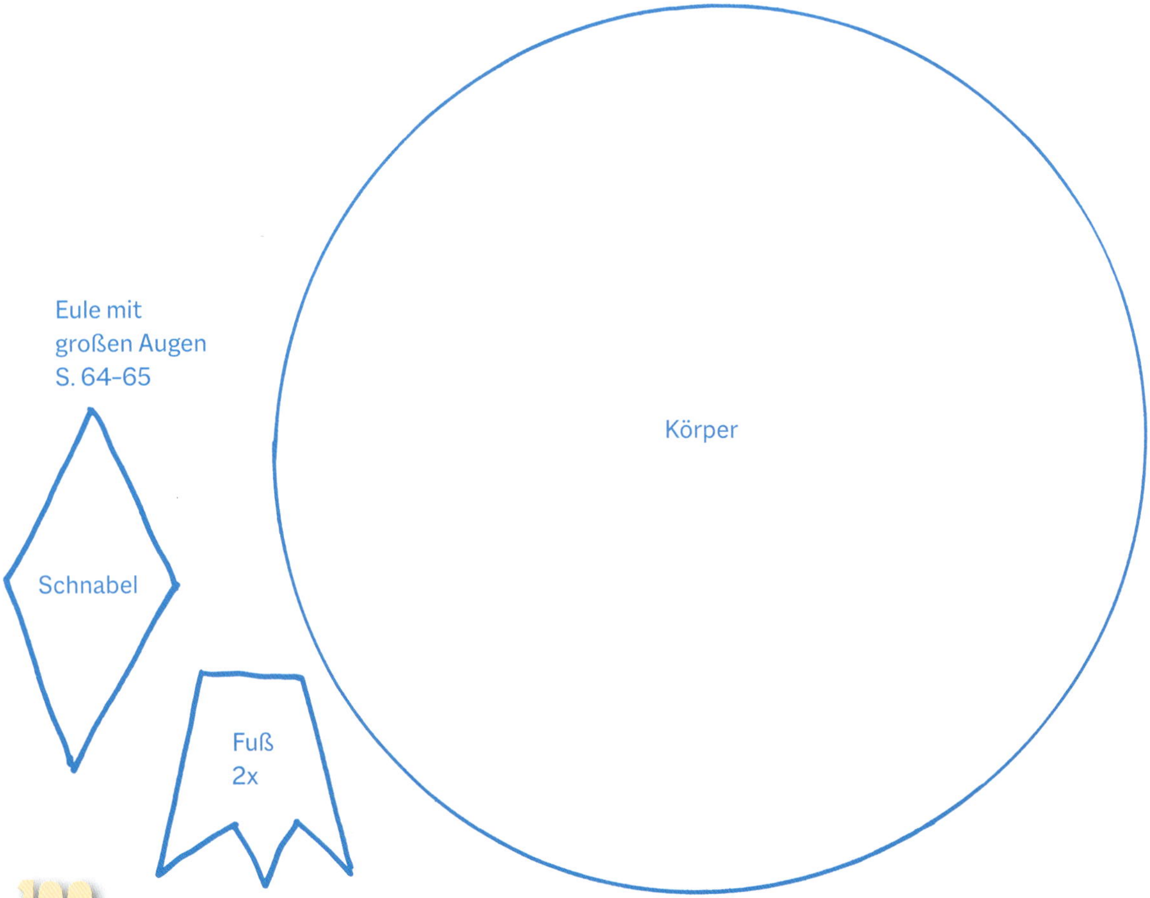

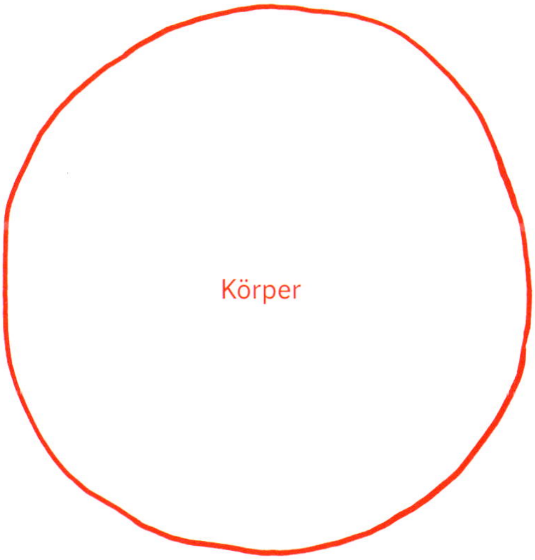

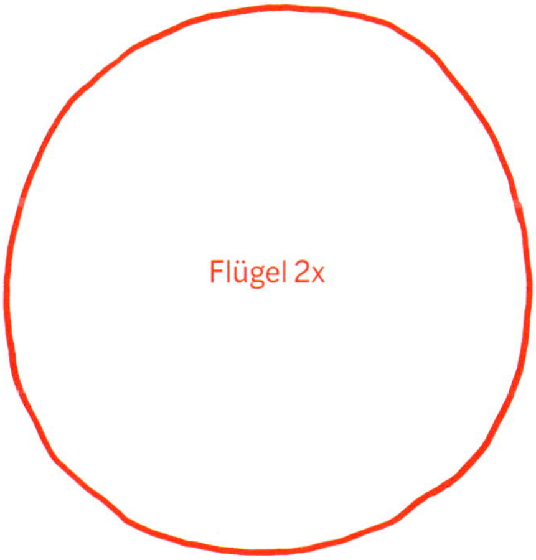

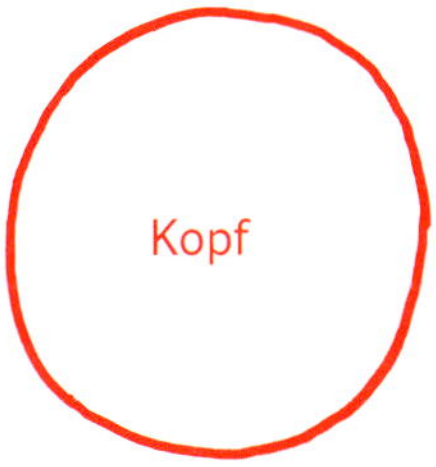

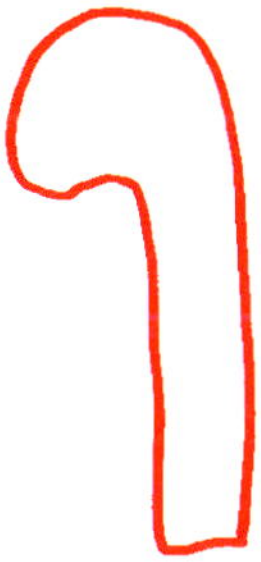

Fühler 2x

Marienkäfer
mit Herzchen
S. 20–21

Grinsender Dino
S. 52–53

Fleißige Biene
S. 22-23

Bunter Vogel
S. 32-33

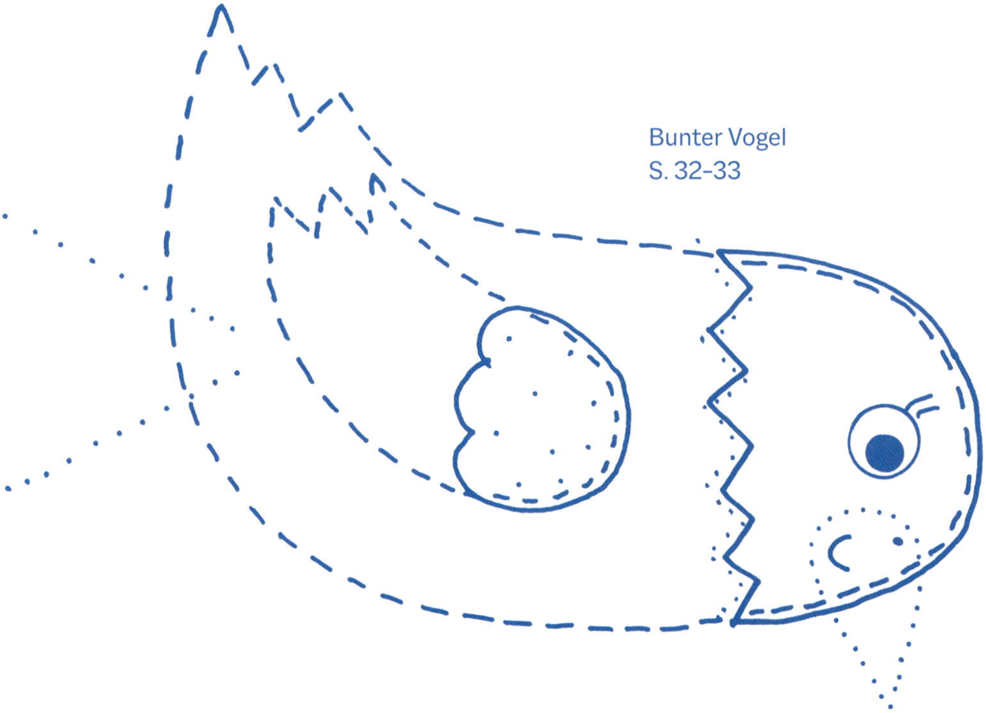

Frosch auf Fliegenpilz
S. 28–29

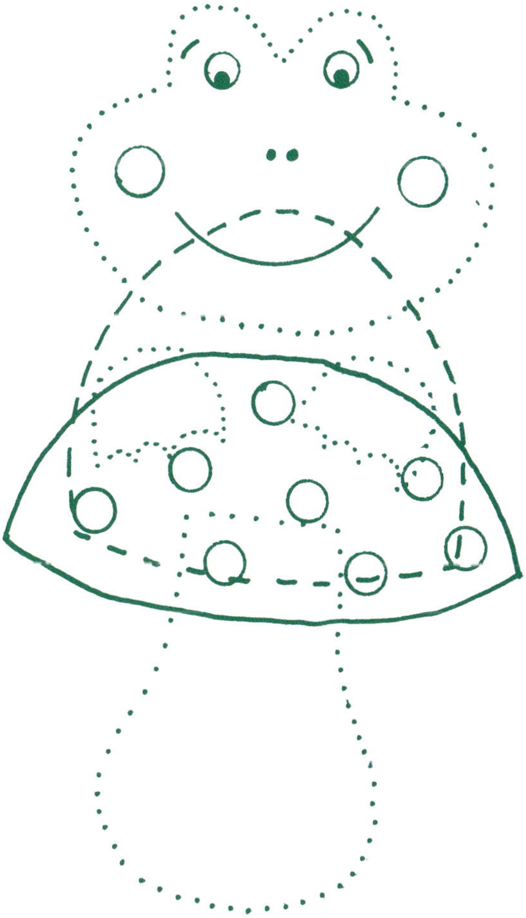

Hübscher Hoppelhase
S. 36–37

Gepunktetes Schäfchen
S. 40–41

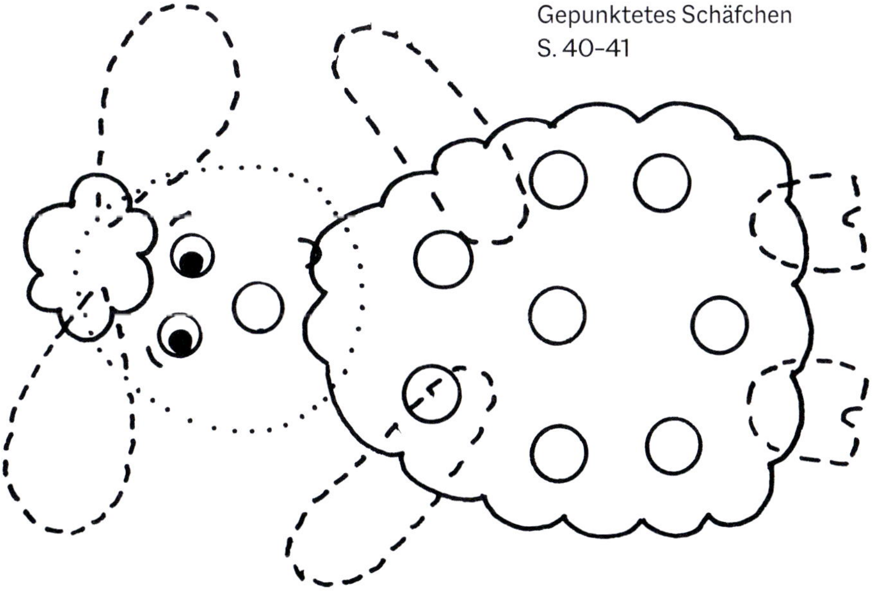

Rudi Rentier
S. 88–89

Schwimmendes
Seepferdchen
S. 50–51

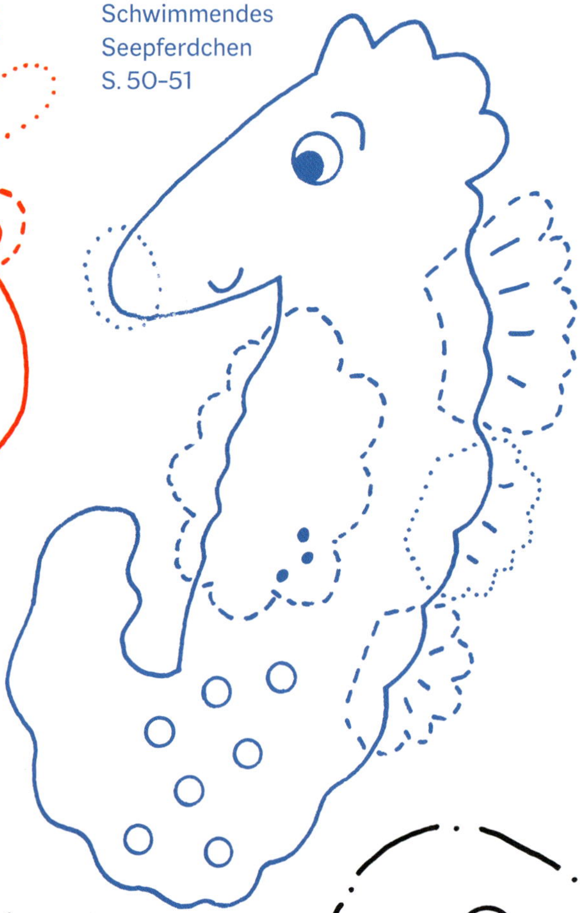

Schildkröte mit
Diamanten
S. 58–59

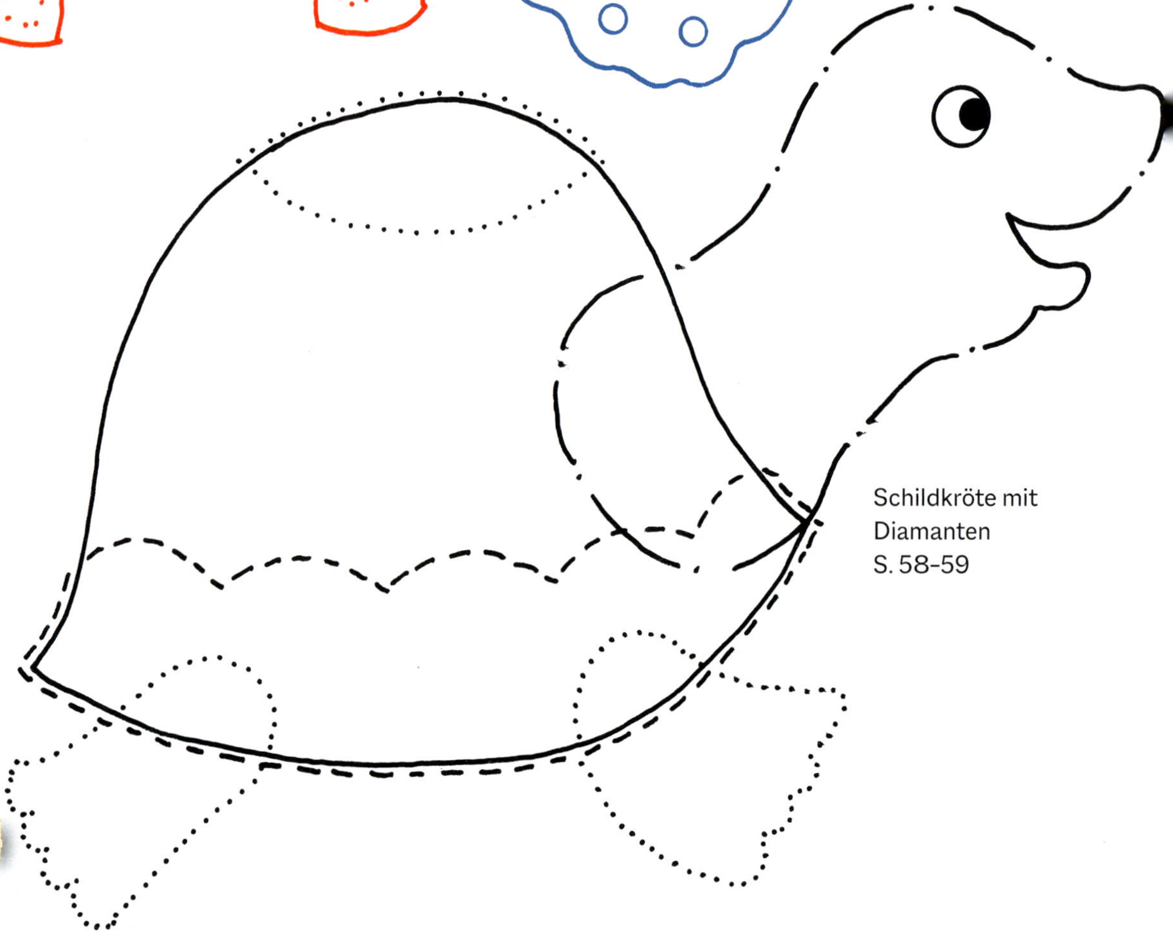

Lustiger Löwe
S. 56–57

Magisches Einhorn
S. 54–55

Stacheliger Igel
S. 66–67

Kürbiskopf am Stiel
S. 72–73

Flatternde Fledermaus
S. 74–75

Schneemann mit Knöpfen
S. 80–81

Gruseliger Geist
S. 76–77

DANKE
Wir danken der Firma Rayher Hobby GmbH (Laupheim) ganz herzlich für die freundliche und großzügige Bereitstellung von Materialien.

DIE AUTORINNEN
Nigora Ahmedova entdeckte während der Schwangerschaft mit ihrem dritten Kind ihre Leidenschaft fürs Basteln und entwickelt seitdem einfache, aber liebevolle Bastelprojekte extra für Kinder. Auf ihrem Instagram-Kanal **@basteln_mit_nigora** teilt die angehende Erzieherin seit 2022 ihre Video-Anleitungen mit ihren Followern.

Anja Ritterhoff veröffentlicht seit 1996 Bücher zum kreativen Gestalten im frechverlag. Sie hat über 60 Bastelbücher entworfen. Zu ihrem Lieblingsmaterial zählt Papier. Sie ist Erzieherin und lebt mit ihrer Familie in Lübeck. Hier gibt sie gerne Kreativkurse. In ihrer Freizeit malt sie Acrylbilder und Motive zur Geburt und Taufe. Weitere Vorlagen von ihr gibt es auf ihrem Instagram-Kanal **@kreativ_mit_anja** oder unter **www.ritterhoff.de**.

IMPRESSUM

MODELLE UND MODELLFOTOS:
Nigora Ahmedova (S. 20/21, 24-27, 30/31, 36-39, 42-45, 48/49, 60/61, 64/65, 68/69, 82/83, 86/87, 90-93); Anja Ritterhoff (S. 14/15 (Text und Schrittbilder), 22/23, 28/29, 32/33, 40/41, 50-59, 66/67, 72-77, 80/81, 88/89)

PRODUKTMANAGEMENT: Cora Friedrich

COVER & LAYOUT: Eva Hook

HERSTELLUNG: Sophia Höpfner

SATZ: Ramona Gaar, Werbeagentur Rypka GmbH, www.rypka.at

DRUCK UND BINDUNG: BALTO print, Litauen

1. Auflage 2024

ISBN 978-3-7358-9171-6 • Best.-Nr. 29171

MIX
Papier aus verantwortungsvollen Quellen
FSC® C107574
FSC
www.fsc.org

Penguin Random House Verlagsgruppe
FSC® N001967

SERVICE-HOTLINE

Hast du Fragen oder gibt es ein Problem?
Wir helfen dir gern. Ruf uns an oder schreib uns eine E-Mail:

Telefon: 0711 / 123 757 20*
*normale Telefongebühren

E-Mail: mail@kreativ-service.info

DIE DIGIBIB – ALLE UPDATES FÜR DICH

Hier findest du alle aktuellen Infos zu deinem Produkt, außerdem Extras, Videos, Vorlagen und mehr!

www.topp-kreativ.de/digibib

FREISCHALTCODE: 59576